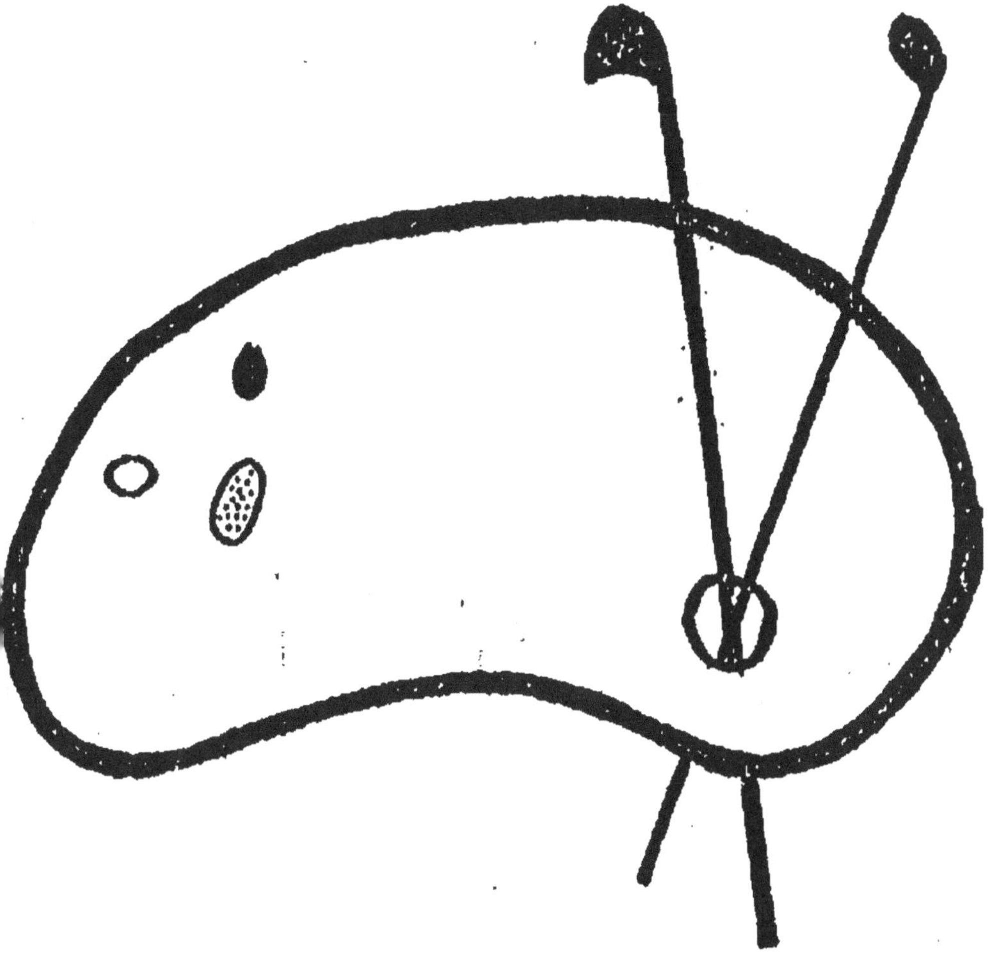

**COUVERTURE SUPERIEURE ET INFERIEURE
EN COULEUR**

DERNIER JOUR

DE

L'EXPOSITION DE 1865

Revue Galopante au Salon

PAR

A.-J. LORENTZ

DÉDIÉE A LUTHEREAU, DE LA CÉLÉBRITÉ

PARIS

IMPRIMERIE DE GEORGES KUGELMANN.

Rue de la Grange-Batelière, 13

1865

PRÉFACE

AUX ÉLÈVES DE L'ÉCOLE DES BEAUX-ARTS

Jeunes cœurs, jeunes esprits, jeunes imaginations, jeunes ardeurs, jeunes artistes, enfin; je vous prie de lire mes franches galopades au Salon de 1865.

Heureux et fier; si elles aident un peu, vos courages; à endurer les tracasseries vaniteuses, les outrecuidantes persécutions des *Bourgeois*...

Votre vieux confrère; et aussi, si vous voulez bien le permettre?...

Votre tout dévoué,
A. LORENTZ.

Nota bene. — La Bêtise humaine, qui se mêle de tout, opprime tout et empêche tout, est seule cause, du retard que je semble avoir apporté dans la publication présente...

Je devais cette excuse, à vos jeunes esprits; qui voudront bien se méfier de la Bêtise; pis que de la peste!...

Gare à vous?... car : elle sait prendre bien des déguisements?...

Ce 13 août 1865.

DERNIER JOUR
DE
L'EXPOSITION DE 1865

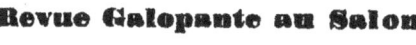

PAR

A.-J. LORENTZ

DÉDIÉE A. LUTHEREAU, DU JOURNAL LA CÉLÉBRITÉ

Vous qui avez fait, dans votre journal, à propos de la gravure à l'eau-forte, un article de dessinateur, de graveur, de peintre, d'artiste, quoi! ne trouvez-vous pas avec mon humble moi, comme avec Napoléon Ier (célébrité des célébrités), que les idéologistes sont aussi sots que dangereux; quand ils veulent trancher du positif?

Oui: ne trouvez-vous pas qu'en nos temps d'imprimerie diluvienne, l'idéologisme est la plus pestilentielle et la plus compromettante de toutes les formes de la pensée?...

Ne trouvez-vous pas encore; que notre monomanie d'instruire les ignares, comme des savants, sans leur imposer la manière de se servir de leur opulente instruction, a produit en plus cette détestable nouvelle catégorie d'imbéciles; qui se croient le droit de tout critiquer: politique, arts, religions, sciences: parce qu'ils savent, plus ou moins par cœur, ou par la lecture d'un *journaillon*; un peu d'orthographe, un peu d'histoire, un peu de nouvelles du jour. Ce dont ils peuvent parler dans une langue un peu plus correctement grammaticale que la langue de nos faubouriens ou de nos banlieues; qui ne se gênent pas, eux non plus, pour prétendre en savoir autant que ces imbéciles-là?...

Et ne trouvez-vous pas avec moi que, c'est un triste métier, que celui de critique aux pièces ou à la journée; que celui de ces ouvriers en premières représentations et expositions; qui ne s'ingèrent qu'à produire le plus grand nombre possible de lignes lucratives?

Ne trouvez-vous pas que la plupart des *vanteurs* enragés d'Eugène Delacroix, sont dignes de punitions que notre Code, aussi volumineux qu'imparfait, n'a pas encore songé à prévoir?...

Ne frémirez-vous pas, comme j'ai frémi; quand j'ai lu, je ne sais plus où ni de je ne sais qui, et en beau caractère imprimé; des critiques qui traitaient Paul Delaroche de *brave homme*, et Ary Scheffer de faiseur de têtes de perruquier?...

Ne trouvez-vous pas qu'Edmond About, *gens de lettre* si vraiment spirituel et écrivain, plus réellement plasticien qu'aucun autre; n'ait pas commis une hérésie, quand, devant la mort toute récente de Flandrin, il n'a pas hésité d'écrire et de publier: « *Tout est possible au souverain d'un grand peuple, excepté d'avoir un bon portrait?...* »

Ne trouvez-vous pas que cette double inconvenance devant l'illustre défunt et l'illustre portraituré passe un peu, comme on dit, la permission?...

Ne voyez-vous pas d'ici le grand artiste devant sa toile blanche (ce miroir du cerveau des peintres), tourner et retourner son auguste modèle, rien que dans sa pensée; avant de donner le moindre coup de fusain?... Et ne voyez-vous pas, d'un autre côté, — en pendant, — l'acharnement du gens de lettre About; qui, non content de cette apostrophe aphorismique, fait mourir de vanité *racinienne*, le grand peintre soi-disant dédaigné, par un plus grand monarque?....

Encore, ne suis-je pas bien certain que Racine soit mort d'un coup d'indifférence du Roi-Soleil... Je me mêle des historiens, tant le *gens de lettre* aime à broder et pamphlétiser?...

Et le *gens de lettre* About n'est-il pas bien avancé, d'avoir maculé, d'un brin de ridicule, deux majestés du génie, qui ont dû si bien se regarder et se considérer pendant les séances de portrait?...

Le *gens de lettre* About n'a donc pas vu, au palais des Beaux-Arts, l'exposition posthume des œuvres de Flandrin?

Le *gens de lettre* About n'a donc pas vu là, exposé par un malin destin, à côté du portrait de l'Empereur des Français; le portrait de l'empereur des millions, du Charlemagne de l'escompte, du Czar de l'intérêt composé, de l'illustrissime Rothschild, enfin; offrant aux regards, alors, une si puissante antithèse; qu'elle en devenait caricaturale!

C'était pourtant la même science, la même ardeur, le même respect de l'art, de la forme, du modèle et de la lumière; de l'harmonie, du ton et de la couleur; qui avaient présidé à l'exécution d'après nature de cette portraiture de financier aux coffres immenses, immensément pleins; placé à côté de l'homme d'État, au cerveau immense, non moins immensément plein de riches projets; que l'autre ne peut l'être que d'or...

Or, l'artiste Flandrin n'a fui devant aucune des difficultés qu'offrait la représentation de ces deux personnages.

Mais les modèles l'ont inspiré différemment.

Le Daguerréotype ne s'y serait pas trompé. Comment l'appareil cérébral du grand artiste aurait-il pu se tromper davantage?

Ainsi a été fait un magnifique portrait, d'une figure magnifique; et une banalité, des plus burlesquement insignifiantes; de la physionomie de l'argentier satisfait, qui a le moyen de rire, même devant la perte de plusieurs millions... perdus à des jeux quelconques...

Je sais bien que les princes de l'or sont si considérés aujourd'hui que tout se vend... même la conversation!...

Les siècles, jusqu'à présent, s'étaient contentés de vendre l'honneur et l'amour... Quoiqu'inventé et peut-être vendu, spirituellement, par Alexandre Dumas père; je n'aime pas qu'on fasse métier : marchandise, de l'esprit; encore moins, de l'esprit intime : que diable!...

Je suis d'un sang de rapin si orgueilleux, un tel mangeur de cervelas et de pommes de terre frites; que je ne fais encore aucun cas des marchands; cette énorme moitié de la phalange bourgeoise...

Et les princes de l'or ont beau avoir des palais illustrés par des artistes, qu'ils ennuient et qu'ils marchandent, je n'en continue pas moins de préférer la gent artiste à la gent d'argent...

Aussi; quand j'entre dans un Musée, dans une Exposition d'artistes contemporains; mon cœur est serré de tendresse et d'admiration à l'aspect de ces efforts qui coûtent tant de sacrifices pour produire même les plus mauvaises choses. Car les artistes sont en majorité bien autrement malheureux que nos orgueilleux ouvriers, que nos vaniteux commerçants...

Que de sommes englouties par ces fidèles, par ces simples soldats de l'art, qui se serrent le ventre pour acheter un cadre doré ou un brin de marbre;... pendant que le thuriféraire à jet continu, Timothée Trimm, déclare avec ostentation, en plein *Petit Journal*; qu'on ne peut pas même dîner seul, pour 20 francs... à Paris!... Le *Petit Journal* prétend ainsi être un organe populaire!...

Le vice transcendant du Parisien, un peu relevé, est l'orgueil gastronomique. Aussi que de bâfreurs emplissent d'or leurs estomacs, et refusent un sou... aux pauvres — sans pain — qui les regardent manger...

Que d'artistes ayant autant d'esprit et d'instruction que ce *gens de lettre*... qui font plus de vingt jours... avec vingt francs!...

Une seule chose surpasse ces choses surpassantes : c'est le public qui lit avec passion ce genre d'esprit, et qui se l'*entrecolporte* d'individu à individu, comme si c'était son esprit personnel.

Je sais bien que je cherche à savoir, et toujours, si j'ai le droit, de par Dieu, de tourner dans la vie, autrement que dans une cage d'écureuil. Je sais bien que beaucoup de soi-disant philosophes, gens d'Etat ou gens d'Eglise; n'en font, en ce cas, pas beaucoup plus que les bourgeois, même les plus libéralement avancés de la voltairienne rue Saint-Denis de 1830... Mais je n'en ai pas moins le droit de m'étonner et de déplorer qu'on répande de telles opinions: qu'elles émanent du *Petit Journal* ou de la *Revue des Deux-Mondes*. La bêtise, comme une tache d'huile, pénètre, s'étend et s'infiltre dans tout...

Que ces turpitudes se produisent en politique, ça m'est fort égal, puisque je me suis trop bien éclairé dans le cours de ma vie, et d'après nature, pour croire à cette singulière religion qui a la prétention de remplacer aussi bien le Christianisme que le Catholicisme. Mais qu'on dise tant d'énormités devant la simplicité de Théodore Rousseau, roi des paysagistes, prince des coloristes, harmonistes et *tonistes*; qu'on vante tant de goinfreuses prodigalités devant tout l'argent qu'on refuse aux Beaux-Arts, comme devant toutes les privations des pauvres artistes : c'est trop fort de café!...

L'amour-propre et les vanités de l'abdomen font plus de mal qu'on ne pense !...

Je relèverais mot à mot les incommensurables lignes rabâchées dans tous les journaux sur nos Expositions... si ce n'était un travail encore moins fastidieux qu'inutile.

Que les oppositionnistes et les critiques, par état, par profession, continuent donc leur petit commerce, ça m'est bien égal, et c'est encore bien plus égal aux grands artistes; mais ce n'est pas une raison pour que je me prive de me moquer autant d'eux qu'ils se moquent (depuis si longtemps et souvent) de mille et mille gens qui valent mieux qu'eux, en tout.

Que Dieu les ait en sa sainte et digne garde !

Montons à cheval, et partons au galop !...

Que vois-je, inscrit sur cette énorme toile : *Ave Picardia nutrix.* — Parfait. Mais cette peinture (si bien pensée) vit trop à la remorque des vieux maîtres, des vieux cartons, des vieilles fresques, et même de Ingres et de Corot...

Quand on a l'acquit et le talent de *Puvis de Chavannes*; on doit secouer toutes les lisières et marcher tout seul... même dans le gris, si on aime le gris, ou qu'on ne puisse faire que gris...

Vive Dieu ! en voici un qui cherche à marcher tout seul lui ! Oui. Il a voulu faire le portrait bourgeois d'un Empereur en bourgeois. Le but était plus difficile à atteindre que ne semble l'avoir cru l'artiste *Cabanel*, dont la toile rappelle le faire, souvent mécanique, des portraits de Court (que l'on a quelquefois plaisanté, bien à tort,); puisque des gens de la force de l'artiste Cabanel peuvent être menés, même malgré eux, vers cette manière de faire.

En tout cas, il y a là du blanc, du noir et du rouge attaqués fermement et assez harmonieusement dans leur éclat et contraste, qui se reposent sur un fond sourdement transparent réussi.

Néanmoins ; quand ce portrait aura été harmonié par le temps, ce *glacisseur*, cet *unitariste* de la peinture ; il sera digne d'être accroché dans une sérieuse galerie.

J'aperçois tant de mauvaises choses que je m'écrie :

A quoi sert le jury s'il reçoit tant d'ordures !...

Le jury, cet orgueilleux collectif, se contente donc d'être imparfait !

O membres du jury, si l'union ne fait pas la force en matière de jugement d'art, ne vous donnez pas la peine de vous réunir pour unir vos suffrages en faveur de tant de sottes et vilaines *gluanderies* que je vois !...

Vous recommenceriez donc volontiers à refuser les Delacroix, les Decamps, les Rousseau. Il vous est égal que Thierry jeune (le gens de lettre) soit décoré avant son frère Joseph Thierry, — le décorateur, — qui fait des chefs-d'œuvre que la postérité ne pourra jamais voir et que la claque seule applaudit aux premières représentations....

O bourgeois !...

Car le public réserve ses enthousiasmes pour les cotillons en délire ou les arsouillades de Thérésa....

Bien mieux; Roger, le ténor, rêve la suppression totale des décorations, qui, selon lui, nuisent à la musique.

C'est étonnant ce qu'on peut dire et faire de mauvaisetés avec une jolie tête! (homme ou femme).

O Beaux-Arts, voilà comme on vous traite!

Si je croyais aux jurys, en matière de haute intelligence, j'en voudrais voir former un pour juger les fauteurs de pareilles hérésies. Mais je ne crois pas du tout que plusieurs individus réunis puissent valoir une seule capacité — à elle toute seule... — livrée à sa capacité...

Les nombres multiplient la matière et non l'esprit!...

Cela ennuie beaucoup de nos libéraux; mais ça m'est encore bien égal!

Il est un fait, un tour de facétie de la bêtise humaine, qui veut être constaté ici.

C'est l'indignation du *gens de lettre* à l'idée qu'un illettré ou qu'un être qui ne sait pas même épeler, se permette de porter des jugemen's littéraires; et la facilité, au contraire, l'autorité avec lesquelles le *gens de lettre* juge les Beaux-Arts, dont il ne sait pas seulement l'alpha!

Oui, ne sachant ni A ni B de la langue plastique, n'ayant jamais tenu un crayon, un pinceau, une brosse, une équerre, un tire-ligne, un compas, un burin, un ébauchoir ou un maillet de simple tailleur de pierres; le gens de lettre n'en juge pas moins à outrance, des œuvres dont la conception est toujours beaucoup plus capitale que les produits de nos usines à littérature d'un sou...

Aussi; Courbet trouva-t-il des *élogistes*, des chantres nombreux parmi le *gens de lettre*; à propos de son trop fameux Enterrement de village, qui semblait peint par un vitrier de campagne avec les vieux restants de couleurs de la décoration d'un salon de danse de cabaret; avec la palette d'un *vitrii*, sous la direction d'un garde-champêtre manchot et d'un gardeur de pourceaux borgne; superbes représentations de la Bonne ordre et de la démocratie militante. (O Virgile!..)

Que la bêtise nous donne de spirituelles comédies, sans le savoir...

Voilà les juges; que sont ces redresseurs emplumés d'oie ou de fer, payés à des prix de ténor; pour parler haut et fort de ce qui ne les regarde pas?

Qu'ils fassent cela en politique, je le répète, cela m'est spirituellement indifférent. Mais en art: halte-là! messieurs, s'il vous plaît, allez apprendre à lire.

N'est-ce pas, chers confrères, chère légion de la grande légion cosmopolite des artistes, n'est-ce pas que vous pensez comme moi?

Traitez donc le *gens de lettre* comme il le mérite, quand il s'introduit dans vos ateliers pour y subtiliser votre esprit, vos mots, vos savoirs, même vos phrases. Et au lieu de le considérer pour plus qu'il ne vaut; priez-le de prendre votre palette et prenez sa plume. Vous saurez vite qui de vous sait le plus de choses en dehors de son métier...

Aussi, ai-je vu des myopes (gens de lettre) coller leurs yeux sur les *Noces* de Paul Véronèse, sur la *Méduse* de Géricault, et s'être persuadés d'avoir *vu*, en amateurs, en connaisseurs, ces tableaux qui ne sont peut-être bien visibles que pour le presbyte!...

Peintres et sculpteurs, plasticiens de toutes sortes, continuez donc de rire de ces jugements et de souffrir de ces compliments maladroits; laissez le gens de lettre, être invité, choyé, adulé et consulté par les financiers, les ambitieux, les marchandes d'amour, les directeurs de théâtre, les Biétry et tous les vénérateurs de la réclame. Que tous ceux-là en ornent leurs salles à manger, leurs salons, leurs boudoirs, leurs châteaux, leurs villas, leurs loges aux théâtres, leurs calèches ou leurs paniers à salade; bravo! Mais continuez, en bons et simples serviteurs du bataillon sacré des Beaux-Arts, continuez d'être respectables jusque dans vos plus mauvaises œuvres; non entachées de spéculation ou de chantage : et belles, alors, de peines et de conscience!...

C'est donc bien entendu ; je n'ai ni le temps ni le vouloir de réfuter ici les drôles de jugements, l'ignorance de la plupart des drôles de jugeurs assermentés de nos feuilles publiques. Cependant; il faut que je relève encore un brin, en passant, le prince de la critique de salons, le si incontestablement spirituel homme de lettres, About; qui vient de crosser Gudin d'une façon vraiment aussi par trop brutale, qu'écolière; à propos d'un tableau (pas bon, c'est vrai !) mais qui donne, néanmoins, une fameuse leçon de lumière et de soleil aux artistes qui se préoccupent de ces sortes de choses; plus que M. Ingres et autres peintres empoussiérants.

Oui ! éclat, transparence, espace, aspect, reflets audacieux, tons vivants comme les coquelicots dans les champs, s'étalent innombrablement sur cette toile.

Si tout cela était soutenu par un peu de forme solide, par du dessin un peu dessiné, un peu modelé; par du relief, tout cela serait un chef-d'œuvre, messieurs les mauvais plaisants !

Et puis; l'évènement étonnant et protecteur de l'arrivée de Napoléon III à Gênes est suffisamment bien consacré ainsi pour l'histoire.

Et je ne serai donc pas étonné que le cerveau qui a produit ce tableau (d'ailleurs si difficile à produire!) ne fût aussi intelligemment construit et garni que celui de son insulteur littéraire...

La critique est aisée et l'art est difficile.

Cela fut pensé, dit et rédigé (en vers) par un maître de l'école de la belle langue française, au temps des beaux livres, des splendides éditions du siècle de Louis XIV, où les écrivains illustres ne se vendaient pas (à tout prix !) pour se payer l'honneur d'aller jouer à Baden-Baden, à la Bourse ou aux salons de certaines grandes coquines, traitées comme des grandes dames. Encore moins appliquaient-ils leur temps et leurs facultés à politiquailler et rager comme Lamartine ou Victor Hugo...

Dieu leur pardonne ; mais pas moi !...

Je suis toujours dans mon sujet ; je parle la langue plastique, j'exprime des sentiments plasticiens. C'est-à-dire, des sens à formes solides et non idéologistiques. Aussi, de même que je m'étonne de la légèreté, de l'*inscience relative du grand gens* de lettre Edmond About en matière d'art plastique; de même mon cœur et mon esprit se révoltent d'indignation au souvenir des insultes acharnées dont l'ont poursuivi (jusque chez lui !...) la voyoucratie de nos étudiants de médecine et de droit... Oui, des *étudieurs*, et de vie et de code... ont exécuté cette honteuse sarabande de l'insulte publique. Oui, les futurs représentants et défenseurs de la justice, de l'hygiène morale; ont accompli ce travail dégoûtant; digne des temps les plus dégoûtants de nos maladies révolutionnaires. Le tout orné d'escapade, d'effraction, en quelque sorte; et, en tout cas, de violation de domicile, avec violation de la liberté individuelle, la plus respectable de toutes les libertés !... Et ces enfants-là, évidemment excités et lancés par des hommes, avaient la vanité d'accomplir une vindication judicieuse, un devoir politique !... C'est aussi triste que risible !

Mais que les pauvres et les modestes, qui ne s'exposent pas à de telles ovations — à rebrousse-poil — pour gagner trop de réputation et trop d'argent; peuvent être fiers de leur pauvreté?....

En galopant de corps et d'esprit, me voici arrivé devant le *Persée et l'Andromède* de Jean-Baptiste-Philippe-Emile Bin... Un Persée, si fort danseur, que le dragon qu'il va vaincre ne peut faire autrement que de danser avec lui devant cette Andromède, qui a l'air bien malade (et il y a de quoi !).

C'est risible, ce que je viens de voir et dire! mais qu'il faut de résolution et de talent... pour produire une œuvre risible de cette qualité-là ! Aussi, je ne serais pas surpris de voir un bon tableau sortir de l'atelier de l'artiste Bin...

Je ne sais si le prince de la critique des salons nouveaux a, comme on dit, *attrapé* ce peintre ; mais, en tout cas, il a eu bien tort d'*attraper* le si respectueux et si respectable artiste *Français*!

Ajoutons aussitôt, que le même gens de lettre a rendu un hommage bien mérité au tableau des *Nouvelles fouilles de Pompéi*.

Salut, vrai artiste! courageux artiste, qui as su te faire peintre et bon peintre, malgré toutes misères.

Salut à toi! qui, de commis-libraire, t'es fait dessinateur sur bois, ouvrier artiste à la solde de Granville, dont ton crayon brillant et aimable a enrichi tant d'aridités... Salut, ô véritable artiste! alors; et déjà plus artiste que ce *patron*, qui évidemment ne dédaignait pas les ovations bourgeoises !...

Continue d'admirer la nature et de pressentir Dieu, pendant que tes jugeurs vivront dans le ciel de la fumée de leurs mots ou de leurs tabagies... Et reçois mon compliment pour n'avoir jamais voulu faire commerce de ta charmante voix, non plus que de ta charmante conversation...

Contente-toi de cet *aurea mediocritas* que ton labeur philosophique a su conquérir, ainsi que cette croix d'honneur, bien méritée, que tu honores autant qu'elle t'honore. Que de rubans rouges n'en peuvent s'entendre dire autant sur leur côté gauche, même quand ce côté gauche est revêtu de trois vêtements décorés à la fois !...

Depuis le temps que le *gens de lettre* s'ébat publiquement aux dépens du *gens d'art;* il n'est peut-être pas mauvais qu'à son tour, le *gens d'art* s'ébatte un tantinet aux dépens du *gens de lettre*, qui a formé et allumé de ses journaux, les bûchers du vandalisme; où l'on a vu brûler le trône de 1830, l'archevêché de Paris, le trône de 1848 et la galerie du PALAIS-ROYAL.

Ici, on peut, si l'on veut, apprécier la différence de collaboration du *gens d'art* ou du *gens de lettre* dans les événements grandioses du Beau ou du Vilain !...

Aussi, j'admire et je salue Alphonse Karr, dont l'esprit a toujours respecté l'esprit !... J'admire et je vénère feu Adolphe Dumas, Alfred de Vigny; ces deux amis, ces dignes représentants de la dignité, de la probité, du désintéressement et de la pudeur des Belles-lettres...

Aussi ne furent-ils jamais tant réputés que tant de je sais bien qui...

Salut, ô Plastique! sublime et divine Plastique... Tu n'as jamais fait de Marseillaise!... Tu n'as jamais fait de pamphlet!... A peine t'es-tu permis quelques caricatures, hélas! quelque fois spéculativement politiques. Mais leur grand vendeur, commandeur et débiteur Philippon n'étant plus; j'espère que nous ne reverrons de longtemps le crayon spirituel, satyrique faire plus de commerce que d'esprit !... Crayons coupables, repentez-vous ?...

Quelles belles, quelles nobles, quelles pures impressions! que celles qui sont produites par la plastique !

Comme c'est appréciable, par exemple, dans ce qu'on croit n'être qu'une simple reproduction de la nature, d'autant plus aisée à obtenir qu'elle est faite d'après une nature immobile, rectiligne, immuable d'aspect, qui pose donc incessamment..., Oui; que c'est appréciable dans ce tableau de ce sage enchanteur Victor Navlet, qui a étudié et caressé cette excellente représentation des munificences de la galerie d'Apollon au vieux Louvre !

Que c'est bon à voir, à contempler; comme on se repose... Et comme je me disais en toute justice, à part moi, sous l'impression si douce et si grande de pareilles œuvres : Bonne race! bonne coterie! que celle de ces gens dont les œuvres n'ont jamais envenimé de plaies publiques; même aux époques où le régicide David — se complaisait dans sa coupable haine.

Que de rédacteurs de journaux n'en peuvent dire autant !

Un charme de plus s'ajoute à cette peinture : c'est l'adresse du peintre, à Paris. Tout est significatif, dans la plastique, tout est logique et analogie. Vous le voyez bien; puisque ce talent consciencieux habite avec Gérôme — ce prince de la conscience...

Deux grandes consciences sous un même toit! Je ne sais si les *gens de lettre* offrent souvent de ces fantaisies-là. Ce n'est pas faute qu'ils se mettent, volontiers, à beaucoup, même pour faire un vaudeville des Funambules...

On peut dire plus : qu'ils appliquent leur amour-propre à faire tout le contraire.

Ainsi: la première ambition, la première nécessité d'un artiste, c'est l'atelier. C'est l'atelier qui offre tant d'hospitalités de toutes sortes!... Le gens de lettre, au contraire; affecte le *vagabondisme*. Il perche, loge (*en coucou*) dans le nid des autres, et fait son atelier au cabaret, au café, à l'estaminet, où il affecte d'écrire devant tout le monde, au son de toutes sortes de sots et vilains bruits; afin de faire croire qu'il a le talent facile, qu'il jongle avec les mots et les idées comme les jongleurs avec leurs boules, leurs assiettes et leurs poignards...

Il y a même certains *gens de lettre* qui vont chercher leurs inspirations dans ces endroits où la police ne permet pas qu'on ouvre ni volets ni persiennes. Ils puisent là, pendant ou après boire, sur le sein ou la bouche de ces houries à l'heure (qui ne se mettent jamais en grève!...), des idylles, des romans, des études de mœurs, des pages de morale, d'économie politique et de religion !... qui font sensation dans le public, et excitent sympathie et vénération... pour leurs auteurs..

O coulisses de tout !... Coulisses des théâtres quelconques de la vie ; temples, oratoires ou spectacles ; que vous êtes laids à côté de ce capharnaüm de toutes intelligences qu'on nomme un atelier d'artiste !

Le gens de lettre cherche souvent dans la bouteille un genre d'esprit que l'artiste ne saurait y trouver. L'esprit d'art est si enivrant, que la plus robuste sobriété a bien de la peine à conserver sa raison devant lui !... Lantara ruina son organisation aux cabarets...

Je sais donc qu'il faut un fameux crâne pour contenir l'ébullition de génie qui nous montre cet autre — *Persée et Andromède* — dans un tableau gris et verdâtre ; c'est vrai : mais ardent de composition, de dessin, de modelé ; fort de pensées plastiques ; c'est-à-dire, atteignant, au plus haut degré, la majesté des grandes formes et le pittoresque du mouvement.

Salut, Daguerre ! Salut, Photographie (fille des peintres) !... Voilà de quoi nous faire un chef-d'œuvre ?

Les critiques (s'ils me lisaient par hasard), seraient furieux : je ne fais que des éloges aux artistes et des éloges mérités !...

Mais je dédaigne les mauvaises choses ; puisque je n'ai pas besoin de me moquer des faibles pour faire croire au public QUE JE M'Y CONNAIS !...

Neanmoins, je ne puis passer devant un certain *Corot* ; sans dire à ses adulateurs, que, sur vingt toiles de ce peintre ; il y a dix-huit peintures de portier ; peintes avec des excréments de fou...

Si cet artiste né, et né pour faire de la peinture pleine de modestie et de bonhomie, n'était si énormément flatté par des coteries coupables et hypocrites, même ; cet artiste né, en plus, dans une position de fortune qui lui donnait tous droits au travail, se serait appliqué à s'empêcher de produire de ces nonchalances fangeuses, boueuses, crotteuses et bêtasses ; dont les replâtrages maladroits, *les repeints* inhabiles ; sont naturellement privés du charme et de l'entrain de l'esquisse...

Je n'oublie pas, qu'on le sache bien, que Corot a fait de bonnes choses. Mais à l'aide de cela ; je ne veux pas qu'on nous fasse avaler ses mauvaises...

Assez ! mille fois assez ! de ces galettes de granit verdâtre, que les *Bons petits camarades*, ainsi que le *gens de lettre* ignare en plastique, peuvent seuls nous poser comme des tableaux...

Demandez à l'œuvre voulue et cherchée de Gérôme, à la *Réception des Ambassadeurs siamois par Napoléon III*, ce que l'artiste doit dépenser de réflexion, de persévérance et de soins scrupuleux pour aider sa conception, et sa verve, à exécuter sa pensée !...

Que de volumes volumineux il faudrait pour dépeindre les innombrables attentions, réflexions, considérations, comparaisons, mesures, élans, retouches, reprises, sagesses et improvisations ardentes qu'il y a à constater dans ce tableau, dont la composition est si réussie ; qu'elle empêche à tout réfléchisseur d'en chercher une autre dans sa cervelle.

Que le *gens de lettre* About, critiqueur de tant de peintres, fasse un livre aussi sérieux, aussi serré que cela : et il m'en dira des nouvelles !...

Si l'on en juge par le dernier discours public de l'homme de lettres et de l'homme d'esprit Pelletan: le *gens de lettre*, tour à tour républicain ou philippiste, ingriste ou delacroixien; se vend assez facilement!

En effet; Pelletan, lui-même, demande la suppression des fonds, qui de tout temps (république ou monarchie), ont été consacrés à l'enthousiasme des plumes que je pourrais nombreusement nommer, si je jugeais cela nécessaire ici...

Mais Nicolas, à des prix de czar! n'a pu rien acheter de la conscience d'Horace Vernet, qui lui répondait; quand cette majesté tentait de l'embarrasser de la question suivante :

— Peindriez-vous la prise de Varsovie?

— Pourquoi pas! je peindrais bien un Christ!

Réponse pleine d'une fierté encore plus artiste que française; sortie de la bouche d'un de ces grands artistes contemporains dont la révolution gens de lettre de 1848 a brûlé les œuvres au Palais-Royal... sur des bûchers de journaux allumés par des voleurs de places...

Si le gens de lettre About, qui hante les ateliers et ramasse l'argot pittoresque des artistes, prenait la philosophie de tels faits en considération, il montrerait plus de considération pour l'esprit sérieux et improvisateur qui produit, par exemple, même les plus interminées pochades de Ziem; le coloriste le plus vivace de notre époque, où tant d'artistes cherchent la couleur et la trouvent...

Il faut des casiers cérébraux bien garnis, pour fournir les magiques effets de ce talent qui fait de la fantasia avec sa palette orientale, comme les Africains avec leurs chevaux arabes!...

Ah! que d'esprit dans cette toile un peu grise, plus sale de faire matériel encore que de ton! Que d'hommages rendus à l'élégance intellectuelle et comique de Molière, dans cette *Présentation de Jodelet*, par Mascarille, à Cathos et à Madelon!...

Les comédiens français, les seuls traditionnistes de notre époque, et qui s'en vont, hélas!... auraient de bonnes leçons à puiser là-dedans.

Qu'est-ce que cela? Voyons le livret: « *La Princesse du Pays de la Porcelaine* !» Certes, voici un titre spirituel, mais spirituel à la façon du *gens de lettre*. Le côté plastique de cette bizarrerie chinoisante n'existe à aucun point. C'est un tableau qui pourrait être fait aussi bien par Victor Hugo que par n'importe quel *dessinatoireur* qui salit, en s'amusant, un papier quelconque; quoiqu'il ne le puisse vendre aussi cher que l'illustre exilé volontaire a fait vendre un certain album, il y a quelques années, chez les libraires de Paris. Si Victor Hugo tient à changer de profession; qu'il se fasse homme d'affaires, et non point homme d'Etat. Les commerçants n'ont pas de plus fort vendeur que lui!

La brosse et le crayon veulent être plus palpables que la plume; et la magnifique charge des cuirassiers de Waterloo, dans le magnifique chapitre des *Misérables*; est bien moins malaisée à faire que celle de Bellangé que nous voyons au Salon de 1865.

En voyant la chinoisade, et non la chinoiserie dont je parlais précédemment; je m'étonne (comme toujours), dans des Expositions contrôlées par des jurys; qu'on laisse entrer tant de peintures archirefusables.

Mais c'est encore bien plus horriblement frappant; devant cette toile qui nous montre un squelette habillé par un maillot collant de plâtre, cerclé de noir, comme une armature de vitrail sans verrerie; et qui, à l'horrible de tant de sottise et de laideur, adjoint la disparution d'un doigt... qui appelle à grands cris l'examen des inspecteurs de la salubrité publique!...

Pouah! j'en ai déjà trop dit sur ce tableau... Passons, redoublons de vitesse. Hélas! je n'ai que trois heures, ô Destin! à consacrer au Salon... de cette année.

Quel doux repos après les sottises et les laideurs... (que j'évite savamment, pourtant) quel aimable consolation que ce tableau qui s'intitule : *le Départ pour le Baptême*. Comme c'est personnel! tout Flamand d'autrefois que ce soit; de cette bonne et salubre école flamande du bon vieux temps où *le gens de lettre* ne s'était pas encore inventé de gagner ses rosbifs et ses plaisirs à faire le métier de critique.

Ah! mesdames? que *Plassan* vous aime bien, comme il comprend la *joliété* féminine!

Que ne puis-je acheter ce tableau-là! C'est si bon de se complimenter ainsi de peintre à peintre.

Comme Rubens, riche de couleur et riche d'or, savait faire ces compliments-là!...

Ce riche de tout, était aussi si riche de sagesse; qu'il sut, en ces temps-là, à lui tout seul, obtenir pour son pays des libertés réelles; que nos hurluberlus, gents de presse et de tribune, ne savent que massacrer!...

Mes compliments à ce tableau de Ludovic Letrône où le *une-deux*, qui différencée si évidemment, dans la nature, le ciel, de la terre; est admirablement réussi.

Je suis certain que l'artiste Letrône préfère ce simple compliment à la faconde *élogiaquantissime* de la plupart des thuriféraires de feuilletons; qui daignent parler en bien; de mérites qui n'ont pas grand'peine à être plus méritants que les leurs.

Ah! le bon parapluie! ah! la bonne gardeuse de vaches!... Comme on voit que cette bergère du Nord n'est pas du tout du climat de la patrie des bergers de Virgile!

Le comique naturel, dans un tableau d'ailleurs bien fait, c'est remarquable.

Sous ce tout simple titre : *le Livre illustré*, Dominique Holfeld nous montre une jolie tête de petite fille regardant des images, qu'elle est d'autant mieux censé voir; que le public ne les voit pas. La tête éclairée, tout de reflet, mérite de causer l'étonnement et d'obtenir le succès qu'obtient cette toile attractive.

En considérant ce tableau; on reconnaît qu'il est des artistes dont la race et la capacité spéciales méritent qu'on invente pour eux le nom de *Reflettiste*.

Sur la Falaise; un tout modeste titre aussi; nous montre deux bergères encore plus modestes, assises et causant en gardant leurs troupeaux et en regardant la mer; tout en tricotant.

Il faudrait cent pages chargées de l'esprit le plus réussi, même du *gens de lettre* About; pour en arriver encore à ne point donner une idée de ce tableau.

La peinture ne se raconte pas, ne se parle pas, ne se dépeint pas : elle s'*évidence*.

Que je regrette donc que les raffinements de la Bêtise humaine, les impôts épouvantables de la misère, les lourds et coupables aveuglements de notre civilisation, encore si incivilisée, me laissent si peu de liberté !

Mais, du moins, j'aurai rempli un peu le devoir de parler avec compétence de ce qui me regarde. Les *gens de lettre* font tant le contraire ; que j'ai tout droit de me féliciter de ne pas imiter ces Gros-Jean qui continuent d'en vouloir remontrer à tous leurs curés réels ou métaphysiques !

Dans cet ordre d'idée, j'admire aussitôt, et complétement, le *Napoléon Ier* d'Eugène Fichel ; aussi vraiment grand que la dimension de sa toile est petite. Tout est réussi dans ce tableau qui gagnera tant, d'ailleurs, à être placé dans une galerie moins *bazardante* que nos Expositions publiques ; qui coûtent 300,000 fr. à l'Etat ; et ne font guère que 150,000 fr. de recette.

Cela dit bien des choses pour et contre la gratuité ou la non gratuité de nos Expositions.

Heureusement que cela n'empêche point l'œuvre de Fichel d'avoir pensé en tout à son sujet : Mains napoléoniennes, allure bonapartiste, pensée impériale se préoccupent ensemble, là, de combiner la marche et la place de certains petits parallélogrammes de bois, dans lesquels l'immense génie voit ces bataillons, ces escadrons, ces soldats, ces chefs, ces vainqueurs et ces vaincus qui composaient l'ensemble des grandes batailles dont le tonnerre héroïque envoyait ses grondements triomphants jusqu'au bout du monde !..

J'achèterais bien cela aussi, si j'avais des *achetoirs*...

J'en ai joui par la vue ; n'est-ce pas déjà beaucoup ?

Merci donc à M. Eugène Fichel.

Je vois en passant, à fond de train, un tableau signé d'Aubigny. C'est une toile d'atelier privé et non d'Exposition publique. Le d'Aubigny qui a fait cela (s'il me lit par hasard), me comprendra.

Ah ! mais voilà qui m'arrête !...

Je n'en puis croire mes yeux ! Cependant je viens de le voir au livret : c'est bien de Courbet ! de Courbet qui a fait souvent des morceaux de peinture très bien faits.

Mais le destin l'a chargé de punir l'idéologisme ambitieux de cet esprit spéculateur qui, n'ayant pu réussir avec l'esprit révolutionnaire, s'est tourné, en assez beau style, du côté de l'esprit diplomatique... Oui, Proud'hon a été attaché là par son partisan ; au pilori de la mauvaise peinture.

Que cette *portraiturade* de M. et Mme Proud'hon m'amuse ! Comme elle représente bien cette peinture que j'ai surnommée la *peinture démocratique*. C'est-à-dire : une peinture voyoucratisante, cochonnément orgueilleuse, choisissant des sujets répulsifs et implastiques ; où s'étale une philosophie *aristophobe*, qui sent aussi mauvais que les vespasiennes de la halle et les melons renfermés !...

O mânes de Proud'hon ! Dieu sait, et vous savez aussi maintenant, combien j'ai de vénération pour le trépassement qui nous enlève de terre pour nous placer dans ce je ne sais quoi qu'on nomme tour à tour : la mort, le néant, la vie éternelle... O grands hommes défunts !

vous savez que ma sincérité et ma connaissance de l'humanité ne m'aveuglent pas à ce point de sanctifier, de glorifier, de diviniser les morts qui sont insanctifiables, inglorifiables ou indivinisables ; vous savez que je ne suis pas de cet innombrable nombre de gens qui tuent le mérite des vivants au profit du mérite (même argentier des morts); mais je rends cet hommage aux temps passés; qu'à aucune de leurs plus ignorantes époques : on a produit, ou fait produire; de pareilles *abrutissementeries*.

Je comprends maintenant pourquoi un de nos plus réels grands hommes me dit un jour : Lorentz, venez! je vais vous payer quelque chose. (Je savais bien que ce ne serait point un litre). Je me laissai faire... et il me mena à une certaine outrecuidante Exposition individuelle où s'étalait, je crois, une grande surface de toile *couleurée* représentant l'intérieur de l'atelier de l'exposant solo Courbet; sous le titre de : *Allégorie réelle!*

Or, on voyait là, en premier plan (à la pose, comme on dit pittoresquement de nos jours), un portrait en pied du spirituel Champfleury; de ce véritable artiste, quoique *gens de lettre*; qui aime tant la musique dont il parle si bien; qu'il me semble devoir aimer aussi la peinture dont il ne parle pas toujours à faux.

Mais puisque Champfleury ne gagne pas sa vie à donner des séances aux ateliers de peintre, à faire concurrence aux modèles; j'ai dû conclure de la présence de Champfleury, dans cette toile : où se montrait au fond un modèle de femme nue vue de dos) et d'un dos beau de ton et de facture); j'ai dû conclure que Champfleury était un ami de Courbet. Je me demande, alors, comment ce *gens de lettre* et ses autres confrères *courbetisants* ont pu laisser inscrire un titre pareil en un livret quelconque. — Allégorie réelle.

Je m'empresse (malgré les apparences); de déclarer que le *Qui se ressemble s'assemble* n'est pas justifié en cette circonstance.

Mais alors; ô Champfleury, qu'alliez-vous faire dans cette galer..... galerie?

Il peut, non-seulement quelquefois, mais souvent, être bon de se moquer carrément du public : qui ne se gêne guère non plus, lui ! pour se moquer d'individus qui valent mieux que lui : mais du moins faut-il faire cela comme Gustave Doré; qui arrive si souvent au Réussi pas les chemins escarpés et audacieux du plagiat et de l'incertain — de l'amour du *sac*, et du sac à argent : sac-à-papier !

Doré doit donc être bien satisfait; car les éditeurs se l'arrachent assez; et versent dans ses caisses les espèces sonnantes qu'ils soutirent au public avec des réimpressions tout aussi inutilement reproduites que mal choisies.

Aussi; que c'est bon, quand on vient de voir des tas de saletés et de marchandises! que c'est bon de se baigner dans le flot de lumières de ce rayon magique, riche de figures allégoriques ; représentation délicieuse de tous les rêves d'amour, de gloire et de fortune qui s'introduisent célestement dans ce pauvre grenier inhabité: ou plutôt habité par une boîte à violon où demeure, pour sûr, l'instrument d'un laborieux et honnête artiste ! Oui, que c'est bon de contempler ce tableau original; de grande dimension, de grande portée plastique, idéale et philosophique; qui, dans son opulence de réussite et de pensée, se nomme poétiquement la *Mansarde* !

O gens de lettre, tu peux trouver un tel titre?
Mais tu ne peux en faire le tableau...
Que ne suis-je Rothschild et l'Empereur!...
Mais, hélas ! ô Hippolyte Michaud ! je ne suis qu'un pauvre, qui n'est encore riche que de misères et de cauchemars !

Que Dieu vous garde à jamais des sots tourments, des affreuses luttes, des stupides ruines ! Que Dieu ne permette jamais que vous soyez la vache à lait des notaires, des avoués, des huissiers, des prêteurs, des escompteurs, des commissionnaires et des entremetteurs de toutes sortes du monde de ce monde qui s'enrichit aux dépens du pauvre monde !

Tiens ! voilà de jolies baigneuses, joliment peintes ! c'est d'Albert Anker.

Sous le numéro 1938, un tableau d'Arnold Scheffer (descendant des Scheffer, je l'espère), nous montre un grand nombre de femmes nues, promenées par messeigneurs les seigneurs du seizième siècle, à travers la ville de Blois.

C'est un *Esbatement*, pris dans cette ville, au moment où Henri, deuxième du nom, y faisait son entrée.

Cette bacchanale libidineuse, représentée, en artiste; c'est-à-dire en esprit qui fait du nu, une étude d'art et non un appât de luxure; ne peut cependant passer pour un tableau d'église.

Or, je ne suis pas homme de politique du tout, et encore moins fanatique du *Siècle*, journal des marchands de vin ; mais cependant, je dois avouer que j'ai vu assis devant ce tableau très décolleté; (par hasard, maladresse ou autre chose) deux prêtres, commodément accotés; restés assis, trop longtemps, avec des lunettes complaisantes; devant ce triomphe de la chair... mais point de la chaire évangélique...

Dame ! le bon goût est aussi rare partout; que la pudeur.

Ah ! ah ! voici un tableau que j'ai vu (dans son atelier); c'est un premier tableau :

Une jeune mère et son enfant (*Une jeune mère*, c'était assez, le reste saute aux yeux).

Je ne savais pas, mais je sais maintenant par le livret, que cette débutante (pas danseuse du tout, ni biche à rampe de quinquets) s'appelle Mlle *Sophie Unternahrer*.

Les noms allemands portent souvent bonheur aux artistes.

Voilà une jeune femme qui doit être bien heureuse, bien fière, bien pleine d'ardent espoir dans l'avenir;... en considérant le décret de cette régente accidentelle de France; qui vient si bien de représenter la femme pendant le voyage triomphant de son auguste époux.

Bravo, décoration et décoratrice!

Rosa Bonheur méritait tout cela.

Et Rose elle a vécu..... etc., tel est le sujet d'un tableau charmant du comte Calix, que le *gens de lettre* About a aussi assez brutalement attrapé.

Cependant; que de romans réputés (de nos noms les plus réputés) n'ont pas une aussi jolie page dans le flanc.

Quel dommage que j'aie si peu de temps !

Ah ! heureusement qu'avant de quitter les salles de peinture, je viens de voir le *Mouton mort !*

Tout est réussi dans ce bijou de douleur; jusqu'au cadre! qui semble une petite scène, où se joue ce drame plein de tant de choses, simplement exposées; où le mouton et le jeune berger, figures principales, sont admirablement placés dans le paysage sombre d'une entrée de forêt.

Si je ne connaissais pas si bien l'incapacité relative de MM. les directeurs de spectacle qui ont l'orgueil d'imposer leur science infuse à tous les gens qui en savent plus qu'eux (même en théâtre) ce qui n'est pas absolument difficile); je leur conseillerais de porter ce petit tableau à la scène. Mais ils n'en sauraient faire sortir qu'une de ces brutes pièces de commande qu'ils débitent, de concert avec leurs entrepreneurs dramatiques; au bon public, qui les enrichit tant : que malgré les dépenses les plus insensées, immorales ou ignardes; ils restent debout, dur et longtemps : même devant la faillite !

Qu'importe! le tableau est saisissant, attendrissant, charmant de sujet et d'art. En voilà plus qu'il n'en faut pour que l'artiste n'ait besoin d'être autrement répandu.

Je n'ai plus qu'une demi-heure !

Allons! sautons dans la sculpture.

L'œil, heureusement, voit aussi vite que l'éclair apparaît. La pensée marchant, sinon plus vite, du moins plus nombreusement; j'aurai le temps de voir et de bien voir ce que mon être aura eu la chance et la perspicacité de choisir, ainsi qu'un être ailé sait choisir son butin en parcourant l'espace.

Généralement; quand on entre dans les Expositions: l'effet dioramique produit par l'opposition de la lumière des salles et de la sombreur des escaliers, dispose l'œil et l'esprit à des séductions agaçantes qui font voir tout en bien.

Dans ces conditions, j'admirai avec exaltation le *Vercingétorix*. En l'étudiant, je reconnus, par exemple, le mauvais aspect du côté droit de cette statue géante.

Mais la tête est grande et forte; bien couronnée par les mèches léonines d'une chevelure en crinière de lion.

Et ce monument, plus monument que statue; se confirme d'ailleurs par une inscription qui porte en elle-même l'éloge et l'historique de tous les pourquoi et causes de son existence :

La Gaule unie, formant une seule nation armée d'un même esprit, peut défier l'univers!..

Vercingétorix aux Gaulois assemblés. *Cæsar de Bell. Gall.* I., VII, CAP XXIX.

Napoléon III, Empereur des Français, à la mémoire de Vercingétorix.

Les deux statues assises (faisant pendant: la Science et la Jurisprudence) sont deux bronzes dignes des sujets représentés.

On peut tourner autour : elles sont soignées et étudiées de partout. Que c'est rare !

Ce n'est que dans le plus haut respect des Beaux-Arts qu'on puise tant de dignité.

Toutes les facultés distinguées de l'homme sont en jeu là-dedans.

Je passe comme la foudre, dédaigneusement capricieuse, devant les statues banales, très bien faites; et je dis, — en passant, — que le savoir en art n'est qu'un engin dont le génie est la poudre! ..

Je passe encore plus vite devant ces choses indignes même des plus vilains cabinets de figures de cire...

Mais, toujours en galopant; je constate que les faux succès, ou mieux dit, les succès du faux et du bête, sont aussi rares en art plastique que communs parmi les œuvres marchandes de tant de nos littérateurs... scéniques ou *feuilletoniques*.

Je suis donc heureusement charmé devant cet Ange de la résurrection, si spirituel (avec et sans calembour...). Pourtant, une bêtise montre son museau par là, comme une souris, toute seule, au petit trou d'un grand mur... Cette bêtise petite, néanmoins bien grande devant l'esprit et le goût; c'est la trompette :... la trompette qui est trop petite et qui est mal tenue...

On se demande comment le talent qui a composé, réfléchi et caressé de si belles ailes; s'est contenté d'un si court instrument si mal porté; pour ce grand trompettier des sept trompettes du jugement dernier? Et cela est d'autant plus choquant que nos cent-gardes ont de majestueuses trompettes surmontées d'une embouchure à tube circonférenciel du plus bel effet... Et les cent-gardes ne sont pas des anges...

Mais; que le monde irait bien, si l'artiste Hippolyte Moreau pouvait aussi aisément grandir son talent et sa fortune que sa trompette!...

Mon hommage, en passant, au Chasseur indien, d'Eugène Caudron. C'est une statue ravissante de mouvement, de caractère, d'innovation et de groupe, dont l'éloge se fait en un mot:

« Sculpture originale et vraiment moderne. »

Quoiqu'il ne manque pas de chercheurs de ce côté-là; les trouveurs en sont rares...

Jacquemard, fort sculpteur, élève de Paul Delaroche, devrait se rappeler que son illustre maître fuyait toute exagération comme la peste.

Aussi finit-il par produire la magnifique figure de notre reine de France, martyre de l'échafaud français...; aussi a-t-il produit le Vendredi-Saint, ce tableau si humain, qui traduit d'autant plus divinement la plus divine tragédie du monde!

Le trait original de cette composition, fruit de tant de réflexions élevées..., c'est l'absence de la figure du principal personnage, qui se fait deviner par un trou de muraille de si humble percée; qu'il ne mérite pas le nom de fenêtre...

Jamais on n'a été plus loin; plus haut; dans l'art plastique ni dans la pensée...

Aucun artiste ne s'est montré plus fort... et plus fort surtout par cette tendre mais si imposante force de la simplicité...

Et puis; en art; crayon, brosse, burin, ébauchoir ou ciseau : il ne faut jamais confondre le CARRÉ avec l'accent, la fermeté; la vigueur et la franchise...

Veuillez tenir compte de cela... Ô sculpteur Caudron!

Quelle jolie chose que la statuette de Joseph-Charles de Blerze : le PAPILLON!...

Que de jolies choses aussi il y aurait à dire pour faire l'éloge de cet hommage si délicieusement rendu à l'antique; mais, avec toutes les ressources de l'étude nouvelle des arts nouveaux... Mais; que ces jolies choses tellement joliment dites qu'elles seraient, ne seraient jamais si jolies, si solidement jolies surtout, que ne nous en dit cette statuette...

Ah! mon Dieu! que d'EXEMPTS (pas de police) en sculpture et en peinture exposent d'affreuses tartines!...

Tant mieux, morbleu! cela fait voir qu'on ne gagne pas du talent, aussi aisément que des macarons!...

Le portrait de l'Empereur, par Carrier, est une œuvre pleine de cette animation et de cette justesse qui constitue une des plus grandes expressions de cet artiste ardent et hors ligne; qui comprend si bien le côté majestueux, opulent, des Beaux-Arts...

Mais Carrier ne s'est pas assez méflé de son atelier probablement. C'est-à-dire que le dessous de la moustache qui ombrage la bouche du buste, est fouillé de telle sorte; que la touche devient inférieure d'animation et d'expression; aux yeux si admirablement rendus de ce bon buste qui, par sa beauté même, rend hommage au beau portrait *de Flandrin*.

Quel dommage que cette jolie tête que je viens de voir en passant ait les yeux en visière de casquette!..

Je ne regarde jamais d'abord la signature des œuvres que je vois ou que je lis. C'est un devoir que ma conscience s'est imposé depuis ma jeunesse, devant les morts comme devant les vivants. Aussi je déteste cette nouvelle façon du *gens de lettre*; qui nous donne, bien avant toutes premières représentations, le nom de leurs auteurs... l'analyse de leurs sujets. Les journalistes ne respectent rien. Ils ne sont pas plus mystérieux que des portières, des femmes de ménage ou des garde-malades!...

Sans regarder à la signature, j'ai donc vu la Promenade des Amours.

Groupe charmant, groupe nombreux, bien trouvé!...

Mais pourquoi trois amours dans la brouette; puisqu'il n'y a que deux femmes dans ce groupe?...

Et quel dommage (tout si charmant que ce soit), quel dommage que l'exécution générale, figures, draperies et fleurs, soit un peu lourde!..

Puis alors je regarde au livret, et je reconnais que ce groupe délicieux est de mon vieux camarade François-Michel Pascal; dont le talent, jusqu'alors, se montrait d'un soin, d'un précieux, d'une finesse, qui étaient admirablement relevés par une touche large, franche, prompte et spirituelle...

Qu'importe! le groupe est parfaitement aimable comme il est...

Enfin! la médaille d'honneur vient donc d'honorer une œuvre toute nouvelle, d'un non moins nouvel artiste, dont le papa riche privait son fils de subsides pour le contraindre à un travail sérieux, nécessairement qui ne pouvait être de l'art. L'art n'est coté ni à la Bourse, ni au Palais-de-Justice, ni à la halle, ni au marché aux chevaux, ni chez les escompteurs, ni à la Banque de France, ni au marché de Poissy... (je répéterai cela tant que je pourrai...)

Le jeune sculpteur s'est entêté. D'excellent musicien (cette forme, cela se voit, n'étant pas suffisante à satisfaire l'estomac de l'artiste plasticien) ce jeune homme se fit sculpteur.

Il vient de faire un chef-d'œuvre...

Et enfin, la justice, l'amour du vrai, de l'inaccoutumé ont marché sur la routine, ont décerné la médaille d'honneur à un statuaire, qui n'a pas fait de l'antique, qui n'a fait aucun emprunt à l'art dit du moyen-âge, dont il a représenté une physionomie... qui n'a fait aucun emprunt non plus à l'esprit, à la forme de nos peintres et de nos sculpteurs de génie contemporains; qui n'a pas fait la moindre concession au beau conventionnel; qui n'a pas choisi un sujet émouvant ou historique ; qui a produit tout naturellement, tout bonnement, une figure d'adolescent, maigre, longue, exhibant toutes ses maigreurs sous un maillot sans fin, orné de la braguette ou brayette naïvement effrontée et typique de l'époque choisie par le sculpteur pour cette œuvre où tout, depuis le haut du bonnet jusqu'à la semelle des chaussures, jusqu'au socle inclusivement, est pensé, étudié et caressé avec la même passion, la même ardeur, le même respect de la forme que donne la nature; et qui a fait tout cela avec une simplicité d'autant plus éclatante; que ce n'est ni en marbre, ni en terre cuite, ni en bronze, ni en aucune matière précieuse ou dispendieuse à acquérir ou à manier...

Mais quelle réussite !

Pieds, jambes, bras, étoffes, mains, cheveux, coiffure, tête, expression de tête, expression et style de doigts, tact, sentiment de la chose pensée et représentée; avec une bouche qui chante tout autant et aussi réellement que l'accompagnent les doigts; si bien qu'on semble entendre la vibration de la mandoline, si bien qu'on ressent la vibration de la vie dans tout ce nouvel être, d'autant plus étonnamment animé qu'il est immobile !..

Je m'explique davantage le côté expressif musical qui perce dans cette perfection plastique; depuis que je sais que cet artiste fut d'abord musicien. Mais, je l'ai dit, ce n'était pas assez pour sa nature multiple, ainsi que sont tous les véritables artistes.

Que cette façon d'aimer, de comprendre et de poser l'art pourrait donner à penser au gens de lettre ; s'il n'était paradoxal, par prétention, idéologue jusqu'à l'*hurluberluade* et à l'*hurluberlument* ; s'il n'était autant *implasticien*, enfin, que le sculpteur Dubois est si admirablement le contraire.

Or, j'ai eu le bonheur, et je le répèterai tant que je pourrai avec d'autres choses; j'ai eu le bonheur de définir la Plastique ; qu'aucun dictionnaire ou esprit n'avait défini jusqu'alors...

C'est la langue des yeux.

C'est-à-dire; la langue qui parle aux yeux, avec la forme palpable, visible; pour caractère expressif; avec cette forme spéciale, née de l'œil, étudiée et construite par l'œil ; ce mécanisme si impressionnable, ce premier organe des peintres, qui ont inventé le daguerréotype et ses tours de force : mille siècles avant que la science opulente de nos temps n'y songeât. Et cela, si bien et si fort; que l'épreuve daguerrienne la plus admirablement étudiée et réussie, est encore souvent inférieure à un simple coup de crayon de Gavarni, de Raffet, de Decamps ou de Bida; ce roi des dessinateurs ; dont les merveilleux dessins éclipsent tant d'excellents et magnifiques tableaux.

Voilà ce qu'il y a, et bien d'autres choses, dans l'œuvre de Paul Dubois, et sous ce simple titre qui la définit néanmoins tout entière :

Chanteur florentin du XVe siècle
Statue plâtre.

Oui, statue plâtre; au lieu de statue en plâtre, que tout gens de lettre aurait rédigé, tout comme un maître d'école, un grammairien d'Institut ou de village...

Dame ! Paul Dubois est un gens d'art.

Je parle ici naturellement la langue de la Plastique comme les chiens, non moins naturellement, comprennent toutes les langues (sans les avoir apprises...)

Le plus enragé oppositionniste de Paris, flanqué de mille Thiers, Berryer, Jules Favre ou de cent mille autres grands marchands de paroles, ne pourraient me contester cette vérité, par aucun de leurs plus subtils et plus factices arguments.

Je sais bien, qu'en si peu de temps, j'ai eu le malheur de ne pas voir beaucoup de bonnes choses dont je ne puis parler; puisque je ne suis pas journaliste et que je ne mets pas mon amour-propre, justement, à rendre compte de ce que je n'ai ni vu, ni entendu, de ce qui n'est pas encore arrivé ou n'arrivera jamais. Mais je sais, en revanche, chers peintres, chers sculpteurs, chers dessinateurs, chers vrais artistes, enfin; que notre confrérie (pas beaucoup plus confraternelle humanitairement encore que bien d'autres coteries) n'en est pas moins celle de toutes les confréries humaines qui maintient et porte de plus haut en plus haut; le drapeau du progrès, sur lequel on peut inscrire : *Conscience, dévouement, désintéressement.*

Aussi; je vous souhaite à tous, vrais succès, moins de misères, et le droit de voir vos fantaisies devenir des réalités. *Car tout le monde, les pauvres comme les riches gagneraient, à exécuter les rêves de votre cervelle.*

Et sur ce, merci à Dieu, qui a permis que je ne sois ni chair à canon, ni insurgé, ni chirurgien, ni boucher, ni *cléricatoiriste*, ni médecin, ni vidangeur, ni journaliste...

Il faut bien rire un peu!...

Qui voudra, peut me trouver fou!... Je le trouverai davantage; n'importe quoi de pire!...

Au revoir! mon cher confrère Luthereau ?

A. LORENTZ.

www.ingramcontent.com/pod-product-compliance
Lightning Source LLC
Chambersburg PA
CBHW030106230526
45471CB00003B/1280